Wir sind der Stoff, aus dem die Träume sind;
und unser kleines Leben wird vom Schlaf umarmt.

William Shakespeare (1564–1616), englischer Dramatiker

„Die Frage nach dem Sinn des Lebens“

und 199 Antworten

Richard Kinnier, Jerry Kernes, Nancy Tribbensee
und Tina Van Puymbroeck

KNESEBECK

Bibliografische Information Der Deutschen Bibliothek
Die Deutsche Bibliothek verzeichnet diese Publikation in der
Deutschen Nationalbibliografie; detaillierte bibliografische Daten
sind im Internet über http://dnb.ddb.de abrufbar.

Titel der Originalausgabe:
The Meaning of Life according to the Great and the Good
Erschienen bei Palazzo Editions Ltd, 15 Gay Street, Bath, BA1 2PH

Deutsche Erstausgabe

Ein Unternehmen der La Martinière Groupe

Artdirector: Bernard Higton
Produktion: Dr. Doris Hansmann, Kölner Medienbüro
Übersetzung aus dem Englischen: Dr. Lizzie Gilbert, Köln
Lektorat: Stefanie Zobel, Köln
Satz: ce redaktionsbüro für digitales publizieren, Heinsberg
Druck: Imago

ISBN 10: 3-89660-231-4
ISBN 13: 978-3-89660-231-2

www.knesebeck-verlag.de

Inhalt

Einleitung

Was ist der Sinn des Lebens? Diese Frage wird seit Jahrtausenden millionenfach gestellt. Und sie taucht immer wieder auf. Eine Frage, die die meisten von uns sich erstmals als Teenager stellen, und die in den Momenten wieder aufkeimt, in denen wir ernsthaft über unser Leben nachdenken. Oft bringen uns tragische Ereignisse oder persönliche Krisen zum Innehalten und Nachdenken: Erst recht, wenn der Tod in greifbare Nähe rückt – sei es der Tod von Menschen, die uns nahe stehen, oder der Gedanke an den eigenen Tod. Auch ob wir an Gott glauben oder nicht, spielt in diesem Zusammenhang eine wichtige Rolle. Da das Leben kurz ist, ist die Frage nach dem Sinn des Lebens eine der dringlichen Fragestellungen. Unsere Antwort darauf bestimmt die Regeln, nach denen wir leben, unsere Ziele und die Entscheidung darüber, was uns wichtig ist.

Was ist der Sinn des Lebens? Dieses Buch hält keine gültige Antwort bereit, aber es bietet eine Vielzahl von Anregungen und Gedanken. Unser Anliegen ist es, einige weise, inspirierende oder zumindest aufschlussreiche Perspektiven zu eröffnen. Solche Lebensweisheiten können bei der eigenen Suche nach dem Sinn des Lebens helfen.

Sowohl die Zitate als auch die übergreifenden Themen der einzelnen Kapitel ergaben sich aus einer von uns durchgeführten Studie. Sie ist publiziert in dem Artikel *What Eminent People Have Said About The Meaning of Life* (Was verdiente Persönlichkeiten über den Sinn des Lebens gesagt haben) im *Journal of Humanistic Psychology* (Bd. 43, Nr. 1, Winter 2003). Zunächst recherchierten wir in einer Vielzahl von

Büchern und Artikeln ausgiebig nach Zitaten (vgl. den Literaturnachweis S. 223). Wir beschlossen, nur Zitate „verdienter" Persönlichkeiten zu verwenden, die Achtung unter ihresgleichen und in der Öffentlichkeit genießen, nicht von glamourösen oder oberflächlichen „Celebrities". Selbstverständlich ist die Auswahl nach wie vor subjektiv, doch haben wir uns von Experten beraten lassen und nach einem gemeinsamen Konsens gesucht. Jedem steht es frei, sein eigenes Urteil zu fällen und sich die Gedanken jener Personen herauszusuchen, die er selbst am meisten schätzt. Wir wählten die Autoren und Persönlichkeiten nicht etwa aus, weil wir glaubten, sie hätten *eine* gültige Antwort bereit, sondern weil ihre Gedanken möglicherweise besonders bemerkenswert sind. Wir sind der Meinung, dass die meisten Leser sich eher dafür interessieren, was Martin Luther King Jr. zu sagen hat als Oprah Winfrey oder Paris Hilton.

Es gibt einige Autoren, die mehrfach zitiert werden, da sie im Laufe der Jahre unterschiedliche Kommentare über den Sinn des Lebens abgegeben haben. Mit anderen Worten: Ein einzelnes Zitat dieses Buches ist nicht repräsentativ für all das, was der jeweilige Autor über den Sinn des Lebens zu sagen hat. Nehmen wir zum Beispiel den französischen Existenzialisten Jean Paul Sartre. Er ist der wahrscheinlich berühmteste Atheist des 20. Jahrhunderts. Die Zitate in diesem Buch vermitteln seine Meinung, dass das Leben sinnlos sei und es keinen Gott gebe. Es wurde jedoch berichtet, dass er in seiner Todesstunde seinen Glauben an Gott geäußert habe. Ein weiteres Beispiel ist der biblische König Salomon: Auf seiner Suche nach dem, was auf der Welt am meisten zählt, beschäftigte er sich mit Reichtum, Macht und schließlich mit Gott. Wie bei den meisten Menschen erstreckte sich seine Suche nach dem Sinn über sein ganzes Leben.

Wir möchten auch darauf hinweisen, dass manche Zitate der Literatur entnommen sind (etwa einem Theaterstück von Shakespeare) oder Songtexten entstammen (zum Beispiel *All Along the Watchtower* von Bob Dylan). Das soll nicht heißen, dass der Gedanke eines fiktiven Protagonisten oder die Strophe eines Liedes die Meinung des Autors widerspiegelt. Die einzelnen hier vorliegenden Zitate erlauben demnach keine Rückschlüsse auf die Lebensphilosophie des jeweiligen Autors.

Die zehn Themen und Kapitel in diesem Buch decken wahrscheinlich nahezu alle bedeutenden Ansichten der Menschen über den Sinn des Lebens ab. Manche Zitate mögen zynisch oder deprimierend sein, andere dagegen inspirierend oder erhebend. Die meisten aber, vielleicht sogar alle, animieren zum Nachdenken und Reflektieren – das ist das Ziel dieses Buches. Lassen Sie sich einladen zu einer gemeinsamen Suche nach dem Sinn des Lebens!

Richard Kinnier, Jerry Kernes, Nancy Tribbensee und Tina Van Puymbroeck

Kapitel 1

„Das Leben genossen

will
werden“

Alle Kreaturen,
bis auf den Menschen,
wissen, dass es im Leben vor allem
darum geht, zu genießen.

**Samuel Butler (1835–1902),
englischer Schriftsteller und Satiriker**

Carpe diem! Freue dich des Lebens,
genieße den Tag, koste das Leben voll aus,
mach das Beste aus dem, was du hast.
Die Zeit ist knapper, als du denkst.

Horaz (65–8 v. Chr.), römischer Dichter

Die Reise ist sehr kurz.
Lebe, solange du lebendig bist!

Malcolm Forbes (1919–1990), amerikanischer Verleger

Das wahre Ziel allen menschlichen Lebens
ist das Spiel.

G. K. Chesterton (1874–1936), englischer Schriftsteller

Schauen Sie, ich will nicht hochphilosophisch werden, aber wenn man lebt, sollte man mit den Armen und Beinen wedeln und viel herumhüpfen, denn Leben ist das Gegenteil von Tod, und daher sollte man zumindest laut und bunt denken, sonst ist man nicht lebendig.

Mel Brooks (*1926), amerikanischer Komiker und Regisseur

Das Leben ist kurz, nutze es.

Nikita Chruschtschow (1894–1971), sowjetischer Politiker

Das gesamte Leben des Menschen
ist nur ein kurzer Zeitpunkt;
darum lasst es uns genießen,
solange es währt, und es nicht
sinnlos verschwenden.

Plutarch (46–119), griechischer Schriftsteller

Das Leben ist entweder
ein waghalsiges Abenteuer
oder nichts.

Helen Keller (1880–1968), amerikanische Autorin und Dozentin

Späte Freuden sind die schönsten;
sie stehen zwischen
entschwundener Sehnsucht
und kommendem Frieden.

Marie von Ebner-Eschenbach (1830–1916),
deutsche Schriftstellerin

Was bedeutet Erfolg?
Viel und oft zu lachen;
die Achtung intelligenter
Menschen und die
Zuneigung von Kindern
zu gewinnen;
gut gemeinte Kritik
anzunehmen und
die Heuchelei falscher
Freunde auszuhalten;
Schönheit zu
würdigen wissen.

**Ralph Waldo Emerson (1803–1882),
amerikanischer Philosoph**

Der Zweck des Lebens
ist das Leben selbst

Johann Wolfgang von Goethe (1749–1832),
deutscher Dichter

Mir tun die Menschen Leid,
die ihr ganzes Leben aufteilen in
Dinge, die sie mögen und Dinge,
die sie tun müssen. Wir sind nur für
sehr kurze Zeit da, Mann. Lerne, das
Leben zu mögen.

Russell Crowe (*1964), australischer Schauspieler

Das Leben bringt Sinn und Erfüllung, wenn man Freude verbreitet.

Maharishi Mahesh Yogi (*1917),
Begründer der transzendentalen Meditation

Freue dich des Lebens,
denn es ermöglicht dir,
zu lieben, zu arbeiten, zu spielen
und zu den Sternen aufzuschauen.

Henry Van Dyck (1852–1933), amerikanischer Dichter

Träume, als ob du ewig leben würdest.
Lebe, als ob du heute sterben würdest.

James Dean (1931–1955), amerikanischer Schauspieler

Wenn du an dir nicht Freude hast,
die Welt wird dir nicht Freude machen.

Paul Heyse (1830–1914), deutscher Schriftsteller

*Das Glück deines Lebens hängt
von der Beschaffenheit deiner Gedanken ab …*

Marc Aurel (121–180), römischer Kaiser

Die schönste und kürzeste Antwort wäre vielleicht diese: Wir sind hier, um die Lebensfreude in uns pulsieren zu spüren, und zwar in diesem Augenblick.

Joyce Carol Oates (*1938), amerikanische Schriftstellerin

Lebe ekstatisch, denn allein das Gefühl zu leben,
ist Freude genug.

Emily Dickinson (1830–1886), amerikanische Dichterin

Die Reise des Lebens
von der Wiege bis zum Grab
sollte interessant sein.

Robert Duvall (*1931), amerikanischer Schauspieler und Filmemacher

Für mich ist das Leben eine bezaubernde Reise,
die ich antreten werde, wenn ich alle meine Aufgaben
erledigt habe.

Ella Wheeler Wilcox (1850–1919), amerikanische Autorin und Dichterin

Wir sind hier, um von der Jugend bis ins hohe Alter angeregt zu werden und um eine unstillbare Neugierde auf die Welt zu entwickeln.

Norman Vincent Peale (1898–1993), amerikanischer Geistlicher und Autor

Im Leben geht es nicht um Meilensteine, sondern um Augenblicke.

Rose Fitzgerald Kennedy (1890–1995), Mutter von John F. Kennedy

Man kann ebenso gut leben.

Dorothy Parker (1893–1967), amerikanische Autorin und Dichterin

Ich bin so mit dem Wunder der Erde und
allen Lebewesen auf diesem Planeten beschäftigt,
dass ich nicht über den Himmel und die Engel
nachdenken kann. Das reicht mir für dieses Leben.

Pearl S. Buck (1892–1973), amerikanische Schriftstellerin

Das Leben ist doch wie eine Achterbahnfahrt. Wir sind alle angeschnallt, und niemand kann anhalten. Wenn der Arzt einem den Klaps auf den Po gibt, reißt er gleichsam die Eintrittskarte ab, und los geht's. In den jeweiligen Übergängen von der Jugend zum Erwachsenenalter und dann zu später Reife wirft man manchmal die Arme in die Luft und kreischt, und manchmal klammert man sich einfach nur an der Stange vor einem fest. Aber die Fahrt ist das, was zählt. Ich finde, es war ein gutes Leben, wenn am Ende das Haar zerzaust ist, man außer Atem ist und sich nicht übergeben hat.

Jerry Seinfeld (*1954), amerikanischer Komiker und Schauspieler

Das Leben ist ein grenzenloses Privileg. Wenn man seine Eintrittskarte bezahlt und in den Wagen einsteigt, hat man keine Ahnung, welch angenehme Gesellschaft man dort vorfinden wird.

Ralph Waldo Emerson (1803–1882), amerikanischer Philosoph

Basketball ist eine Ausdrucksform des Lebens, ein einzelnes glitzerndes Band, welches das Ganze widerspiegelt. Wie das Leben, so ist auch Basketball chaotisch und unvorhersehbar. Und wie sehr man es auch versucht, man kann es einfach nicht kontrollieren. Der Trick liegt darin, jedem Augenblick offenherzig und mit einem klaren Kopf zu begegnen. Wenn man das schafft, laufen das Spiel und das Leben wie von selbst.

Phil Jackson (*1945), amerikanischer Basketballspieler und -trainer

Mein Rezept für das Leben ist recht simpel: Ich stehe morgens auf und gehe abends zu Bett. Dazwischen versuche ich, mich so gut ich kann zu beschäftigen.

Cary Grant (1904–1986), amerikanischer Schauspieler

Ich betrachte das Leben als einen Tanz. Muss ein Tanz eine Bedeutung haben? Man tanzt, weil man es einfach genießt.

Jackie Mason (*1931), amerikanischer Komiker

Ein weiser Mann hat einmal gesagt, dass alle menschlichen Handlungen eine Art Spiel sind. Das erhabenste Spiel ist die Suche nach Wahrheit, Schönheit und Liebe. Was will man mehr? Wenn das Ganze sogar noch Sinn macht, wäre das ein zusätzliches Geschenk.

Wenn wir unsere Zeit damit verschwenden, nach dem Sinn des Lebens zu suchen, haben wir am Ende keine Zeit zum Leben – und zum Spielen. Unsere anmutig lächelnden Verwandten im Meer sind wohl weiser als wir.

„Nimm dir ein Beispiel an der Ameise“, heißt es in der Bibel: Ein guter Rat für einfache Menschen, die in einer feindlichen Welt ums Überleben kämpfen.

Vielleicht sollten wir uns lieber ein Beispiel an den Delfinen nehmen.

Arthur C. Clarke (*1917), englischer Autor

Das Leben will gelebt werden, und man muss seine Neugierde beibehalten. Man darf sich nie, aus welchem Grund auch immer, vom Leben abwenden.

Eleanor Roosevelt (1884–1962), amerikanische Menschenrechtlerin

Leben ist die Kunst,
Schmerzen zu vermeiden.
Thomas Jefferson (1743–1826), amerikanischer Präsident

Wenn ich ins Theater gehe, genieße ich das Stück nicht minder, nur weil ich weiß, dass es keine göttliche Schöpfung unter göttlicher Regie ist, dass es um 23:00 Uhr zu Ende geht, anstatt ewig weiterzulaufen, dass ich nach ein paar Monaten viele Details vergessen haben werde oder dass es keinen nennenswerten moralischen Effekt auf mich haben wird. Und das Leben genieße ich so, wie ich eine Theateraufführung genieße.

Sinclair Lewis (1885–1951), amerikanischer Schriftsteller

Meine Einstellung zum Leben ist einfach: Halte die Augen offen und mach, dass du weiterkommst.

Laurence Olivier (1907–1989), englischer Schauspieler und Regisseur

Für mich ist Glück nicht
der Weg zum Ziel, es ist das Ziel,
ein Ziel für sich.
Es hat seinen eigenen Sinn.

Ayn Rand (1905–1982),
russisch-amerikanische Autorin und Philosophin

Fehler sind der Tribut, den man für ein erfülltes Leben zahlen muss.

Sophia Loren (*1934), italienische Schauspielerin

Das Leben ist nicht lebenswert,
wenn man engen Freunden gegenüber
nicht indiskret sein darf.

Isaiah Berlin (1907–1997), englischer Philosoph und Historiker

Das Leben ist das wahre Saufgelage.

Julia Child (1912–2004), amerikanische Köchin, Autorin und TV-Persönlichkeit

Letztendlich habe ich herausgefunden,
dass man nur lebt,
um das Leben zu genießen.

Rita Mae Brown (*1944), amerikanische Autorin und politische Aktivistin

Große, lebhafte Freude lässt sich schlechterdings nur denken als Folge großer vorhergegangener Not; denn zu einem Zustand dauernder Zufriedenheit kann nichts hinzukommen als etwas Kurzweil oder auch Befriedigung der Eitelkeit.

Arthur Schopenhauer (1788–1860), deutscher Philosoph

Die Frage nach dem Sinn des Lebens ist,
wie es uns Buddha gelehrt hat,
nicht sehr erbaulich.
Man soll in den Fluss des Lebens eintauchen
und die Frage davontreiben lassen.

Irvin Yalom (*1931), amerikanischer Psychiater

Kapitel 2

„Wir sind
um Gott

hier,
zu dienen“

Ich glaube, dass wir auf der Welt sind, um Gottes Willen zu erfüllen. Gott will grundsätzlich, dass wir Sterblichen ihm bei seiner Schöpfung zur Seite stehen und versuchen, mit Liebe, Macht und Gerechtigkeit solche Wege einzuschlagen und Ziele zu verfolgen, die seinem Willen entsprechen, um die Welt, alles Leben darin und uns selbst zu erhalten und zu dem zu machen, was wir sein können und sein sollten.

Jesse Jackson (*1941), amerikanischer Bürgerrechtler und Politiker

Mein Schatz liegt darin, gegen die Dunkelheit und alle Mächte des Bösen zu kämpfen.

Mahatma Gandhi (1869–1948), indischer Pazifist und politischer Führer

Wir glauben, dass wir das wahre Abbild unseres Schöpfers sind. Dementsprechend sollten wir versuchen, diesem erstaunlichen Potenzial gerecht zu werden – Gott zur Ehre zu gereichen, indem wir ein menschliches Antlitz seiner Schönheit und seiner Liebe werden. Deshalb sind wir hier, und das ist der Sinn unseres Lebens. Mit dieser Haltung gehen wir eine enge Beziehung mit Gott und mit unseren Mitbrüdern und Mitschwestern ein, und so leben wir in Harmonie mit allen Geschöpfen.

Desmond Tutu (*1931), südafrikanischer Bürgerrechtler

Wir müssen uns befreien,
um von Gott erfüllt zu werden.

Mutter Teresa (1910–1977), albanische Ordensgründerin

Wir werden geboren, um
Gottes Ruhm sichtbar zu machen,
der in uns verborgen ist.
Das Göttliche findet sich nicht
nur in manchen von uns,
sondern in jedem.

Nelson Mandela (*1918),
südafrikanischer Präsident

Das Leben ist dem Menschen von Gott
gegeben, um es auf eine ihm wohlgefällige,
pflichtgemäße Weise anzuwenden und
im Bewusstsein dieser Anwendung zu genießen.

**Wilhelm von Humboldt (1767–1835),
deutscher Gelehrter und Bildungsreformer**

Im Idealfall ist das Leben ein gleichschenkliges Dreieck.
Im einen Winkel ist der einzelne Mensch.
Im anderen Winkel sind die anderen Menschen.
An der Spitze steht das unendliche Wesen: Gott.
Nur wenn sich jeder Teil des Dreiecks weiterentwickelt,
kann es ein erfülltes Leben geben.

Martin Luther King (1929–1968), amerikanischer Bürgerrechtler

Ich finde, jeder sollte sein Bestes geben und auf die höhere Intelligenz vertrauen, die das Universum regiert, dass diese sich um das Jenseits kümmert.

Thomas Edison (1847–1931), amerikanischer Erfinder

Die Schöpfung war kein Zufall. Es war Gottes Ziel, die Welt mit seinem Atem zu beleben und den Menschen als sein Meisterwerk zu erschaffen. So steht es in der Bibel. Es besteht kein Zweifel daran, dass jedes Lebewesen einen göttlichen Funken in sich trägt; wir alle, auch die Tiere, sind Gottes Geschöpfe. Gott ist das Leben, und das Leben ist Gott. So ist jedes Lebewesen, als ein Kind Gottes, von gleich hoher Bedeutung.

Isaac Bashevis Singer (1904–1991), amerikanischer Schriftsteller

Gott hat uns nach seinem Abbild erschaffen,
und es hat einen Sinn,
dass er uns so kreiert hat.

Marcus Garvey (1887–1940), jamaikanischer Freiheitskämpfer

Jedem ist Leben gegeben, selbst dem Regenwurm. Wir existieren, weil der Schöpfer dieses Universums es so wollte. Er hat Leben so geschaffen, dass es sich selbst erneuert.

William Westmoreland (1914–2005), amerikanischer Militärkommandant

Der ganze Reichtum dieser Welt, alle Schätze der Erde und alle Schätze des Universums sind, verglichen mit dem Reichtum, der uns im Jenseits erwartet, nichts als eine Belanglosigkeit. Das Leben auf Erden ist nur eine Vorbereitung auf die Ewigkeit, die viel wichtiger ist als die kurzlebigen Freuden, die uns im Diesseits verlocken.

Muhammad Ali (*1942), amerikanischer Boxer

Fürchte Gott und halte dich an seine Gebote,
das ist die einzige Pflicht des Menschen.

Salomon (um 965–um 926), biblischer König

Es gibt kein Glück ohne Weisheit; und Weisheit erlangt man nur, wenn man sich den Göttern unterwirft.

Sophokles (um 496–um 406 v. Chr.), griechischer Dramatiker

Gott fragt niemanden, ob er oder sie bereit ist, zu leben. Das steht gar nicht zur Debatte. Man muss das Leben annehmen, die Frage ist nur, wie.

Henry Ward Beecher (1813–1887), amerikanischer Politiker

Die Christen unter uns verweisen auf ein Ereignis, das die Vorstellungskraft sprengt. Christen glauben fest daran, dass Gott, der allmächtige Schöpfer des Universums, in Jesus Christus Mensch wurde. Er lehrte uns, dass Gott Liebe ist und dass er zur Vergebung unserer Sünden bereit ist, wenn wir ihm unser Leben widmen. Er gab uns die Hoffnung auf die Ewigkeit im Himmel. Ich glaube, dass er die Antwort auf die Frage nach dem Sinn des Lebens für jeden von uns ist.

Billy Graham (*1918), amerikanischer Prediger

Das Ziel des Lebens ist es, nach Perfektion zu streben. Die Rose beginnt als Samen oder Setzling, dann wächst und gedeiht sie mit dem Sonnenschein und Regen. Nach einiger Zeit entwickelt sich eine perfekte Rosenblüte. Bei den Menschen ist es ganz ähnlich, auch wenn die Zeitspanne viel länger ist, denn bevor ein Mensch das Stadium der Perfektion erreichen kann, muss er fortwährend wiedergeboren werden und dabei alle möglichen Hindernisse überwinden: Krankheit, Geiz, Eifersucht, Wut, Hass und Sühne ... Er muss sich an den Meistern der Vollkommenheit orientieren, zum Beispiel am Herrn Jesus Christus. Die einzige Voraussetzung ist der Wunsch, perfekt zu werden.

Willie Nelson (*1933), amerikanischer Sänger

*Unser Leben ist bloß
ein merkwürdiges, dunkles
Zwischenspiel in der
alles überstrahlenden Vorführung
von Gott Vater!*

Eugene O'Neill (1888–1953), amerikanischer Dramatiker

Kapitel 3

„Wir sind hier zu erlangen und zu verwirklichen

um Weisheit
uns selbst
“

Die Frage lautet nicht: „Warum sind wir hier?“,
sondern: „Wie sollten wir unser Leben leben?“
Die Antwort findet sich in der *Ethik* des Aristoteles.
Alle unsere technischen Fortschritte haben
an dieser grundlegenden und schwierigen
Frage nichts ändern können.
Dic Griechen des fünften Jahrhunderts vor Christi
sind unsere Zeitgenossen, wir sind heute
nicht weiser als sie.
Als Harry Truman gefragte wurde,
warum er die *Parallelbiografien* von Plutarch lese,
antwortete der Präsident:
„Um herauszufinden, was in Washington los ist.“

Mortimer Adler (1902–2001), amerikanischer Philosoph

Das Leben ist nicht lebenswert, wenn wir nicht ernsthaft über das Leben nach-denken.

Platon (427–347 v. Chr.), griechischer Philosoph

Das was einer für sich selbst ist, was ihn in die Einsamkeit begleitet und was keiner ihm geben oder nehmen kann, ist offenbar für ihn wesentlicher als alles, was er besitzen oder auch was er in den Augen anderer sein mag.

Arthur Schopenhauer (1788–1860), deutscher Philosoph

Das Ziel des Lebens ist es, sich selbst weiterzuentwickeln. Das eigene Wesen genau zu erkennen – darum ist jeder Einzelne von uns hier.

Oscar Wilde (1854–1900), irischer Schriftsteller

Das Leben besteht aus einer Reihe von Zusammenstößen mit der Zukunft. Es ist nicht die Summe dessen, was wir waren, sondern dessen, was zu sein wir uns ersehnen.

José Ortega y Gasset (1883–1955), spanischer Philosoph

Das zu sein, was wir sind, und das zu werden, was uns möglich ist, ist das einzig wahre Ziel im Leben.

Robert Louis Stevenson (1850–1894), schottischer Schriftsteller

Wenn ein Mensch sich ein schwieriges Ziel setzt, auf dem alle weiteren Ziele folgerichtig aufbauen, und wenn dieser Mensch alle seine Energien daran setzt, Fähigkeiten zu entwickeln, die ihn zu diesem Ziel führen, werden seine Taten und Gefühle in Einklang sein, und die einzelnen Lebensbereiche werden sich zusammenfügen. Jede Handlung wird „Sinn machen“, sowohl für die Gegenwart als auch für die Vergangenheit und die Zukunft. So kann man seinem gesamten Leben einen Sinn geben.

Mihaly Csikszentmihalyi (* 1934),
amerikanischer Psychologe

Das Ziel des menschlichen Lebens liegt darin, dass wir uns spirituell weiterentwickeln und alles Negative ablegen, dass wir eine Harmonie zwischen unseren körperlichen, emotionalen, intellektuellen und spirituellen Eckpfeilern schaffen, dass wir ein harmonisches Zusammenleben mit der Familie, der Gemeinde, der Nation, der ganzen Welt und allen Lebewesen erreichen und dass wir alle Menschen wie Brüder und Schwestern behandeln – erst dann wird Frieden auf Erden möglich sein.

Elisabeth Kübler-Ross (1926–2004), schweizerisch-amerikanische Psychiaterin und Autorin

Ich lehre euch den Übermenschen. Der Mensch ist etwas, das überwunden werden soll.

Friedrich Nietzsche (1844–1900), deutscher Philosoph

Wir alle streben nur nach einem einzigen Ziel: weiser zu werden und besser lieben zu lernen.

Rachel Naomi Remen (*1938), amerikanische Gesundheitsreformerin und Erzieherin

Man kann keine bessere Welt schaffen, ohne sich selbst als Einzelner zu verbessern. Und dafür muss jeder von uns an sich selbst arbeiten.

Marie Curie (1867–1934), polnische Wissenschaftlerin

Mut ist die Leiter, an der alle anderen Tugenden hinaufklettern.

Clare Booth Luce (1903–1987), amerikanische Dramatikerin und Diplomatin

Die alten Religionen und die modernen Wissenschaften sind sich einig: Wir sind hier, um Dank zu sagen. Oder mit anderen Worten: um aufmerksam zu sein. Physiker, die sich dem anthropischen Prinzip verschrieben haben, stellen fest, dass das Universum ohne uns unbemerkt bliebe und in einem gewissen Sinn also nicht existieren würde. Unglaublich, aber wahr: Es existiert wegen uns. Wenn man die Ausmaße des Universums bedenkt, ist diese Aussage noch schwieriger zu begreifen als die alttestamentarische Vorstellung, dass ein Gott sich bereit erklärt, die Menschen zu ertragen, zu umhegen, zu unterrichten, ja (im Buch Hiob) sogar mit ihnen zu diskutieren, damit seine Schöpfung endlich den kargen Lohn von Lobpreis und Würdigung erfährt. Was wir haben, ist eine instinktive intellektuelle Neugierde, die alles von Quasaren bis hin zu Quarks betrifft, unsere Freude und Bewunderung für die Existenz an sich und ab und an eine Welle schierer blinder Dankbarkeit dafür, dass wir hier sind.

John Updike (*1932), amerikanischer Schriftsteller

Ich ging in die Wälder, denn ich wollte wohlüberlegt leben, intensiv leben wollte ich, das Mark des Lebens in mich aufsaugen, um alles auszurotten, was nicht Leben war, damit ich nicht in der Todesstunde inne würde, dass ich gar nicht gelebt hatte.

Henry David Thoreau (1817–1862), amerikanischer Schriftsteller

Die menschliche Rasse befindet sich in einem Entwicklungsstillstand. Wir sind eigentlich nicht dafür gemacht, in diesem primitiven physischen Zustand zu verharren, ebensowenig, wie eine Kaulquappe auf ewig Kaulquappe bleiben soll. Die Evolution ist eine Einbahnstraße. Als zum Beispiel die ersten Wasserlebewesen der Urzeit an Land kamen, ließen sie ihre Kiemen zurück und entwickelten Lungen, um Luft atmen zu können. Heute können wir uns den Zustand unserer zukünftigen Entwicklung ebensowenig vorstellen, wie die Fische sich damals ein Leben auf dem Trockenen vorstellen konnten.

William Burroughs (1914–1997), amerikanischer Schriftsteller

Unser Ziel ist es, bewusst und aus freiem Willen
einen Zustand zu erreichen, in dem wir weiser,
freier und ein wenig mehr erleuchtet sind,
ins Paradies zurückzukehren,
uns mit der Schlange anzufreunden und
unter den wild wachsenden Apfelbäumen
unsere Computer zu installieren.

Tom Robbins (*1936), amerikanischer Schriftsteller

Unser Geist ist begrenzt, und doch sind wir selbst in diesem begrenzten Zustand von unbegrenzten Möglichkeiten umgeben. Der Sinn des Lebens besteht darin, so viel wie möglich aus dieser Unendlichkeit zu ergreifen.

Alfred North Whitehead (1861–1947), englischer Mathematiker und Philosoph

Ich habe gelernt, ... dass niemand zurückkann, und dass man es auch gar nicht versuchen sollte - der Inbegriff des Lebens ist es, vorwärts zu gehen. Das Leben ist wirklich eine Einbahnstraße.

Agatha Christie (1890–1976), englische Romanautorin

Hinter deinen Gedanken und Gefühlen, mein Bruder, steht ein mächtiger Gebieter, ein unbekannter Weiser – er heißt Selbst. In deinem Leibe wohnt er, dein Leib ist er.

Friedrich Nietzsche (1844–1900), deutscher Philosoph

Kapitel 4

„Der Sinn ist ein

des Lebens

Rätsel "

Das Leben ist eine unbeantwortete Frage,
aber lasst uns weiterhin an die Würde und Wichtigkeit
der Frage glauben.

Tennessee Williams (1911–1983), amerikanischer Dramatiker

Ich weiß nicht, ob diese Welt eine Bedeutung hat,
die über sie hinausgeht. Aber ich weiß, dass ich die
Bedeutung nicht kenne und dass es mir nicht
möglich ist, sie herauszufinden.

Albert Camus (1913–1960), französischer Schriftsteller

Das Leben ist eine Festung, über die weder Sie noch ich das Geringste wissen.
Napoleon Bonaparte (1769–1821), französischer Kaiser

Das Interessanteste auf der ganzen Welt ist ein anderes menschliches Wesen, das rätselt, leidet und die Fragen stellt, die diesen Menschen bis zum letzten Tag seines Lebens beschäftigen werden, obwohl er oder sie weiß, dass es nie eine Antwort geben wird.

Will Durant (1885–1981), amerikanischer Historiker

Das Leben ist die Suche des Nichts nach dem Etwas.

Christian Morgenstern (1871–1914), deutscher Schriftsteller

Das Leben ist Lüge. Das Rätsel des Daseins, der Welt wird niemals erraten werden. Irgendein Furchtbares steht über uns: Das Schicksal, bei jedem Volk mit anderem Namen genannt, das Schicksal, dem keiner entrinnen kann.

Detlev von Liliencron (1844–1909), deutscher Lyriker, Prosa- und Bühnenautor

Im Großen und Ganzen besteht das Leben nicht aus Fakten und Ereignissen. Es besteht hauptsächlich aus einer Flut von Gedanken, die einem unaufhörlich durch den Kopf strömen.

Mark Twain (1835–1910), amerikanischer Autor

So wie die Blätter an den Bäumen wachsen, so ist das Leben der Menschen.

Homer (um 900–850 v. Chr.), griechischer Dichter

Inzwischen glaube ich, dass die ganze Welt ein Rätsel ist, ein harmloses Rätsel, das erst schrecklich wird durch unseren verrückten Versuch, es zu entschlüsseln, als ob ihm eine Wahrheit zugrunde läge.

**Umberto Eco (*1932),
italienischer Schriftsteller und Sprachwissenschaftler**

Die Wissenschaftler, die über Jahre hinweg Mythologie und Religion studiert und Verbindungen hergestellt haben zwischen all den Theorien, die im Laufe der Jahrhunderte über das Leben und unser Bewusstsein entstanden sind, und dabei die Fesseln des Aberglaubens entfernt haben, hat alle dasselbe Gefühl beschlichen, obwohl jeder es anders beschreibt. Sie versuchen, es zu personifizieren und auf unterschiedliche Art damit umzugehen. Doch jeder scheint zu dem Schluss zu gelangen, dass es für das Leben keine Erklärung gibt. Der einzige Grund für das Leben ist das Leben selbst. Es gibt kein Warum. Wir sind einfach hier. Das Leben ist jenseits von Gründen.

George Lucas (*1944), amerikanischer Filmregisseur

Die Frage, warum wir hier sind, ist undurchdringlich.

Edward Albee (*1928), amerikanischer Dramatiker

Was ist das menschliche Leben?
Ein Hauch, ein Nebel, Tau, eine Blüte,
eine Blume, eine Rose, ein Grashalm, eine Glaskugel,
ein Märchen, vorgetragen von einem Idioten,
eine Seifenschale, Eitelkeiten über Eitelkeiten,
eine ewige Abfolge, die mich noch mehr
erschrecken als der Gedanke an das Nichts.

John Adams (1735–1826), amerikanischer Präsident

Mir entgeht der Sinn meiner eigenen Rolle im Spiel des Lebens, weil ich die Rollen der anderen Spieler nicht kenne.

Rabindranath Tagore (1861–1941), indischer Dichter und Dramatiker

Leben ist die Kunst des Selbstbetrugs, und damit der Betrug auch erfolgreich ist, muss er zur ständigen und ununterbrochenen Gewohnheit werden.

William Hazlitt (1778–1830), englischer Schriftsteller und Humanist

Das Leben ist die Kunst, aus unzureichenden Voraussetzungen die richtigen Schlussfolgerungen zu ziehen.

Samuel Butler (1835–1902), englischer Schriftsteller und Satiriker

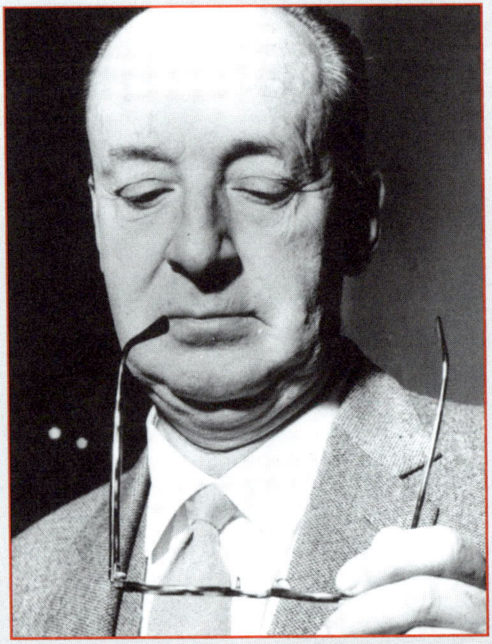

Das Leben ist eine große Überraschung. Ich sehe nicht ein, warum der Tod nicht eine noch größere Überraschung sein sollte.

Vladimir Nabokov (1899–1977), russischer Schriftsteller

Leben ist das, was passiert, während du eifrig dabei bist,
andere Pläne zu schmieden.

John Lennon (1940–1980), englischer Musiker

Die einfachsten Dinge des Lebens machen sein ewiges Geheimnis aus.

Gertrude Atherton (1857–1948), amerikanische Schriftstellerin

Ich habe mein Leben nicht gelenkt,
ich habe es nicht entworfen.
Ich habe nie Entscheidungen gefällt.
Immer geschah irgendetwas,
das die Entscheidungen für mich traf.
So ist das Leben.

B. F. Skinner (1904–1990), amerikanischer Psychologe

Ich weiß nicht, was die Welt
von mir halten mag, aber mir selbst
komme ich vor wie ein Junge,
der am Strand spielt und sich
daran vergnügt, ab und an
einen glatteren Kieselstein oder
eine hübschere Bucht zu finden
als üblicherweise,
während der weite Ozean
der Wahrheit völlig unentdeckt
vor mir liegt.

Isaac Newton (1642–1727), englischer Wissenschaftler

Das Leben formt unlogische Muster. Es ist zufällig und voller Schönheiten, die ich einzufangen versuche, während sie an mir vorbeifliegen, denn wer weiß, ob sie jemals wiederkehren?

Margot Fonteyn (1919–1991), englische Tänzerin

Wenn ich es genau betrachte, entdecke ich nicht eine Eigenschaft, die den Wachzustand eindeutig vom Traum unterscheidet.
Wie kann man sicher sein, dass das ganze Leben nicht ein Traum ist?

René Descartes (1596–1650), französischer Philosoph

Fast alle Aspekte des Lebens werden auf molekularer Ebene gesteuert. Ohne Moleküle zu verstehen, können wir nur ein sehr oberflächliches Verständnis vom Leben an sich haben.

Francis Crick (1916–2004), englischer Wissenschaftler

In seiner zeitlich begrenzten Existenz wird das Leben nie so recht verständlich sein.

Søren Kierkegaard (1813–1855), dänischer Philosoph

Wenn wir darauf eine Antwort fänden [warum wir und das Universum existieren], wäre es der ultimative Triumph des menschlichen Geistes: Denn dann würden wir Gottes Absicht begreifen.

Stephen Hawking (*1942), englischer Physiker

Der Sinn des Lebens ist ein Rätsel. Ich bin eigentlich niemand, der über theologische Fragen grübelt, aber diese Mysterien erkenne ich an. In meinem eigenen Leben ist die tiefe Wurzel meines Daseins – vielleicht entstammt das meiner jüdischen Seele – ein existenzieller Imperativ: Wir sind hier, um den Zustand der Menschheit fortzuführen, nicht nur, indem wir Kinder kriegen, sondern durch das, was wir aus unserem Leben machen. Wie auch immer wir Gott benennen, wir spüren, dass es in uns einen Sinn gibt, und wir werden zu Aufgaben geführt, die jenseits von uns selbst stehen. Ich lebe mein Judentum; in meiner Seele ist der Herr, unser Gott, eins.

Betty N. Friedan (1921–2006),
amerikanische Feministin und Schriftstellerin

Der Suchende kommt in der Hoffnung, etwas Definitives, Bleibendes, Unveränderliches zu finden, worauf er sich verlassen kann. Stattdessen wird ihm die Erkenntnis geboten, dass das Leben genau das ist, was es zu sein scheint, ein Mischmasch aus Wechselhaftem, Mehrdeutigem, Vergänglichem. Es kann einem oft den Mut nehmen, aber letzten Endes lohnt es sich, denn das ist alles, was es gibt. Der Suchende will eine klare Lebensformel und erfährt stattdessen:

Der Weg, über den man sprechen kann,
ist nicht der geradlinige Weg;
der Name, den man nennen kann,
ist nicht der ewig gültige Name.

Sheldon B. Kopp (1929–1999), amerikanischer Psychologe

Ich wollte ein perfektes Ende ...
Nun habe ich lernen müssen, dass manche Gedichte
sich nicht reimen und dass manche Geschichten
keinen eindeutigen Anfang, Mittelteil
und Schluss haben. Im Leben geht es darum,
nicht alles zu wissen, sich ändern zu müssen,
den Augenblick zu ergreifen und das Beste
daraus zu machen, ohne zu wissen,
was als Nächstes passiert. Köstliche Mehrdeutigkeit.

Gilda Radner (1946–1989), amerikanische Komikerin

**Auf ihrem Sterbebett –
„Wie lautet die
Antwort?“
Alice schweigt.
„Nun gut.
Wie war die Frage?“**

Gertrude Stein (1874–1946),
amerikanische Schriftstellerin

Den Punkt zu finden, wo Hypothese
und Tatsache aufeinander treffen; das zarte
Gleichgewicht zwischen Traum und Wirklichkeit;
der Ort, wo die Fantasie und irdische Dinge
in ein Kunstwerk verwandelt werden;
die Stunde, in der der Glaube an die Zukunft
zum Wissen über die Vergangenheit wird;
seine Kraft für die Unterstützung von
Bedürftigen zu nutzen; die alten Plagen
abzuschütteln und sich für die neuen zu rüsten;
Fragen zu stellen, auch wenn man weiß,
dass man nie eine Antwort finden wird;
Unsicherheiten ruhigen Gewissens anzunehmen,
auch unsere unvollständige Kenntnis von Gott:
Ich glaube, dass es darum bei der
menschlichen Reise durchs Leben geht.

Lillian Smith (1897–1966), amerikanische Autorin und Kritikerin

Das Leben ist so, als würde man einem Pony in Sanskrit vorlesen.

Lou Reed (*1942), amerikanischer Musiker

Kapitel 5

„Das Leben macht

keinen
Sinn“

Was den Sinn des Lebens anbetrifft, glaube ich nicht, dass es ihn gibt. Ich frage gar nicht nach dem Sinn, denn ich vermute, dass es keinen gibt, und dies empfinde ich als sehr tröstlich. Wir machen das Beste aus dem Leben, und mehr ist da nicht. Diejenigen, die irgendein kosmisches, allumfassendes Drehbuch oder Gott suchen, sind meiner Meinung nach einem Irrglauben verfallen.

Isaiah Berlin (1907–1997), englischer Philosoph und Historiker

Im dem Augenblick, in dem ein Mensch den Sinn und den Wert des Lebens bezweifelt, ist er krank.

Sigmund Freud (1856–1939), österreichischer Psychiater

Die ganze Welt ist Bühne,
und alle Frauen
und Männer bloße Spieler.

William Shakespeare (1564–1616), englischer Dramatiker

Ein Märchen ist's, erzählt
von einem Dummkopf voller Klang
und Wut, das nichts bedeutet.

William Shakespeare (1564–1616), englischer Dramatiker

Ich bin eine vergängliche Hülle, die einem vorübergehenden Zweck dient. Wenn dieser erfüllt ist, werden mein Schädel und meine Zähne, meine Einzigartigkeit und meine Wünsche wohl auseinander fallen wie die Bretter einer Kirmesbude, wenn sie abgebaut wird.

H. G. Wells (1866–1946), englischer Schriftsteller

Ich glaube nicht an Unsterblichkeit und wünsche sie mir auch nicht. Der Glaube daran entstammt den unreifen Egos schwacher Männer. Die christliche Variante ist wenig mehr als ein Mittel zur Rache an denjenigen, denen es hier auf Erden besser geht. Was der Sinn des menschlichen Lebens sein soll, weiß ich nicht, doch ich bin geneigt zu glauben, dass es keinen Sinn gibt.

H. L. Mencken (1880–1956), amerikanischer Journalist

Was ist das Leben? Eine Illusion, ein Schatten, eine Geschichte, selbst der größte Schatz zählt nicht viel, denn das ganze Leben ist ein Traum, und Träume bleiben eben nur Träume.

Pedro de la Barca (1600–1681), spanischer Dramatiker und Dichter

Unser Leben ist kein Traum, aber es soll einer werden.

Novalis (1772–1801), deutscher Dichter

Das Leben und die Liebe sind ein Traum.

Robert Burns (1759–1796), schottischer Dichter

Wir sind hier, weil eine Gruppe ungewöhnlicher Fische mit merkwürdig geformten Flossen ausgestattet war, aus denen sich bei den späteren Landlebewesen Beine formten; weil Kometen auf die Erde einschlugen und die Dinosaurier auslöschten, wodurch Säugetiere neue Möglichkeiten hatten, die ihnen vorher nicht gegeben waren (da kann man wirklich mal seinem Glücksstern danken); weil die Erde auch in der Eiszeit nie vollständig gefroren war; weil eine kleine, aber ausdauernde Spezies, die vor einer Viertelmillion Jahre in Afrika aufkam, es bis heute geschafft hat, mit Ach und Krach zu überleben. Wir mögen uns nach einer „höheren" Antwort sehnen, aber es gibt keine. Diese Erklärung mag einen zwar, oberflächlich betrachtet, beunruhigen oder sogar erschrecken, aber zugleich ist sie befreiend und erheiternd. Den Sinn des Lebens können wir nicht einfach aus den Gegebenheiten der Natur erkennen. Diese Antworten müssen wir uns selbst konstruieren, aus unserer Weisheit und unserer Ethik. Es gibt keinen anderen Weg.

Stephen Jay Gould (1941–2002), amerikanischer Paläontologe

Jenseits dieser Realität hat das Leben keinen Sinn. Aber die Menschen suchen immer nach Ausreden. Erst gab es die Wiedergeburt. Dann die Wiederbeschaffung. Nun gibt es Theorien über das Leben nach der Amöbe, nach dem Tod, zwischen dem Tod, rund um den Tod ... Die Menschen nennen dies Wahrheit oder Religion, ich nenne es Irrsinn, den Tod als grundlegende Wahrheit des Lebens zu verleugnen. „Was ist der Sinn des Lebens?" ist eine dumme Frage. Das Leben existiert einfach.

Jackie Mason (* 1931), amerikanischer Komiker

Es kann keine andere Antwort geben als die, die ich mir selbst gab: „Was ist der Sinn des Lebens?“ – „Es gibt keinen.“ Oder: „Was wird aus meinem Leben werden?“ – „Nichts.“ Oder: „Warum existieren alle Dinge, und warum existiere ich?“ – „Weil sie existieren.“

Leo N. Tolstoi (1828–1910), russischer Schriftsteller

Man muss dem Leben einen Sinn geben aus dem einfachen Grund, weil es keinen Sinn hat.

Henry Miller (1891–1980), amerikanischer Schriftsteller

Das, was wir Leben nennen, ist nichts anderes als das Ufer des endlosen Ozeans der Existenz, dort, wo man ihn ausloten kann.

Oliver Wendell Holmes (1841–1935), amerikanischer Anwalt

[Das Leben ist] eine blinde, zufällige Ansammlung von Atomen, die keinem verständigen Agens unterliegen.

John Locke (1632–1704), englischer Philosoph

Was das Leben so trostlos macht, ist der Mangel jedweden Motivs.

T. S. Eliot (1888–1965), amerikanischer Dichter und Dramatiker

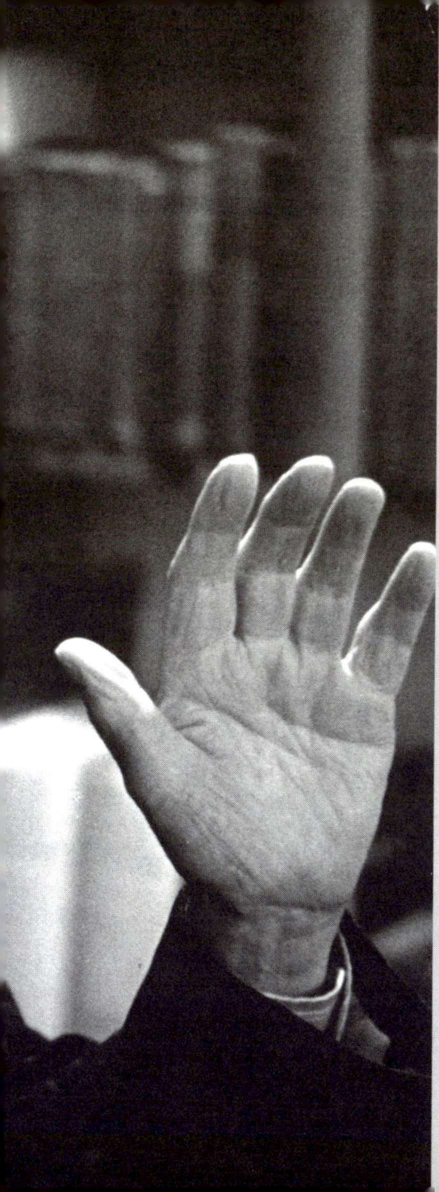

All die Anstrengungen der Jahrhunderte, die Hingabe, die Inspiration und die leuchtenden Geistesblitze menschlicher Genies werden zwangsläufig mit dem umfassenden Ende des Sonnensystems untergehen, und der ganze Tempel voller Errungenschaften, die der Mensch hervorgebracht hat, wird letztendlich, wenn das Universum in Ruinen steht, unter einem Haufen Schutt begraben liegen.

Bertrand Russell (1872–1970), englischer Philosoph und Mathematiker

Ich schaue in alle Richtungen und sehe nichts als Dunkelheit.

Blaise Pascal (1623–1662), französischer Mathematiker

In unserem allumfassenden Egoismus sind wir geneigt, all die Annehmlichkeiten, mit denen wir uns dank unseres Reichtums umgeben, als unserer Person zugehörig anzusehen, so dass die Entdeckung unserer eigenen Unwichtigkeit – in Situationen, in denen wir auf unsere ureigenen Fähigkeiten zurückgeworfen werden – unsagbar demütigend ist.

Walter Scott (1771–1832), schottischer Schriftsteller

Das Leben hat keinen Sinn bis auf die Verantwortung, die wir tragen.

Reinhold Niebuhr (1892–1971), amerikanischer Theologe

Das Leben ist eine unnütze Anhäufung ermüdender Stunden.

Thomas Moore (1779–1852), irischer Dichter

Wenn wir sterben müssen, hat unser Leben keinen Sinn, denn die Probleme sind nicht gelöst worden, und die Bedeutung der Probleme an sich bleibt ungewiss.

Jean-Paul Sartre (1905–1980), französischer Schriftsteller und Philosoph

So ist das Leben, nicht wahr? Man arbeitet vor sich hin und landet einen Treffer. Und man macht weiter, und jemand überholt einen. Der wiederum wird dann von anderen überholt. Die Zeit gleicht alles aus.

Katharine Hepburn (1907–2003), amerikanische Schauspielerin

Ich bin, wer ich bin. Es geht nicht darum, nach „Gründen“ hierfür zu suchen.

Joan Didion (*1934), amerikanische Schriftstellerin

Alles ist unwichtig. [Letzte Worte]

Louis B. Mayer (1885–1957), amerikanischer Filmproduzent

Den größten Trost, den wir aus der Vergänglichkeit aller Dinge schöpfen können, ist der, dass wir uns immer wieder, in allen Situationen, sagen können: „Auch dies hat keinen Bestand.“

Nathaniel Hawthorne (1804–1864), amerikanischer Schriftsteller

Das Leben ist ein kurzer Spaziergang von der Wiege bis zum Grab.

Alice Childress (1920–1994), amerikanische Schriftstellerin

Der Sinn des Lebens liegt darin, dass es endet.

Franz Kafka (1883–1924), tschechischer Schriftsteller

Im Oxford English Dictionary steht als erster Eintrag für „Sinn“: Zweck. Nun, je mehr wir über das wahre Universum erfahren – nicht jenes Fantasiegebilde der meisten Religionen –, desto weniger lässt sich ein Zweck ersehen.

**Arthur C. Clarke (*1917),
englischer Schriftsteller**

Das Leben ist doch komisch: eine rätselhafte Anordnung von erbarmungsloser Logik, die einem sinnlosen Zweck dient.

**Joseph Conrad (1857–1924),
englischer Schriftsteller**

Hat die Frage an sich
irgendeine Bedeutung?

George Bernard Shaw (1856–1950), irischer Dramatiker

Kein Warum. Nur ein Hier.

John Cage (1912–1992), amerikanischer Komponist

Kapitel 6

„Wir sind
um

hier,
anderen
zu helfen“

Trost und Glück finde ich im Dienst für alle Lebewesen, denn die Essenz des Göttlichen ist die Summe allen Lebens.

Mahatma Gandhi (1869–1948), indischer Pazifist und politischer Führer

DAS LEBEN EINES MENSCHEN BESTEHT NICHT DARIN, VISIONEN ZU HABEN ODER TRÄUMEN NACHZUHÄNGEN, SONDERN IN AKTIVER WOHLTÄTIGKEIT UND BEREITWILLIGEM DIENEN.

Henry Wadsworth Longfellow (1807–1882), amerikanischer Dichter

Dienst ist der Preis, den man für das Dasein zahlt.

Marian Wright Edelman (*1939), amerikanische Bürgerrechtlerin

Das Leben ist ein Abenteuer
der Vergebung.

Norman Cousins (1915–1990), amerikanischer Verleger und Autor

*Welche Weisheit könnte größer sein
als Güte?*

Jean Jacques Rousseau (1712–1778), französisch-schweizerischer Philosoph

Drei einfache, aber ungemein
starke Leidenschaften haben
mein Leben bestimmt:
die Sehnsucht nach Liebe,
die Suche nach Erkenntnis und
das kaum zu ertragende
Mitgefühl für die Leiden
der Menschheit.

Bertrand Russell (1872–1970), englischer Philosoph und Mathematiker

Wie merkwürdig ist die Situation von uns Erdenkindern! Für einen kurzen Besuch ist jeder da. Er weiß nicht wofür, aber manchmal glaubt er, es zu fühlen. Vom Standpunkt des täglichen Lebens ohne tiefe Reflexion weiß man aber: Man ist da für die anderen Menschen.

Albert Einstein (1879–1955), deutscher Physiker

Wenn ich morgens aufwache, schaue ich mir als Erstes ein Bild von Albert Einstein an, das auf meinem Nachttisch steht. Die Widmung darauf lautet: **„Ein Mensch fängt erst an zu leben, wenn er auch andere daran teilhaben lässt.“** In anderen Worten, wenn er für seine Mitmenschen ebenso viel Respekt haben kann wie für sich selbst. Ich glaube, wir sind hier, um Gutes zu tun. Jeder Einzelne von uns hat die Aufgabe, sich etwas Würdigem zu widmen, diese Welt zu einem besseren Ort zu machen, als wie man sie vorgefunden hat. Das Leben ist ein Geschenk, und wenn wir uns entschließen, es anzunehmen, müssen wir im Gegenzug etwas leisten. Wenn uns dieser Beitrag nicht gelingt, dann finden wir auch keine adäquate Antwort darauf, warum wir hier sind.

Armand Hammer (1898–1990), amerikanischer Industrieller

Warum sind wir hier? Um „Life 101“ zu folgen, einem Leitfaden mit Lebenserfahrungen, der uns hilft, zu erwachen und die Fülle unseres Daseins zu erkennen. Ein solches Erwachen beinhaltet den Lernprozess, die in uns vereinten Gegensätze zu erkennen und anzunehmen: Trennung und Einheit, Leben und Tod, Gut und Böse, Aktivität und Passivität, Freud und Leid, Schmerz und Glück. Durch diesen Prozess manifestieren wir auf einzigartige Weise die Liebe unseres Herzens und unser Mitgefühl für andere sowie die Klarheit und Ausgeglichenheit und Kraft unseres Geistes. So nimmt der Geist wahrhaftig wieder Gestalt an.

Ram Dass (*1933), amerikanischer spiritueller Lehrer

ICH GLAUBE AN EINEN GOTT UND SONST NICHTS, UND ICH ERHOFFE MIR, IM JENSEITS GLÜCKLICH ZU SEIN. ICH GLAUBE AN DIE GLEICHHEIT DER MENSCHEN, UND ICH GLAUBE, DASS ES ZU UNSEREN RELIGIÖSEN PFLICHTEN GEHÖRT, DASS WIR GERECHT UND VOLLER GNADE SIND UND DASS WIR VERSUCHEN, UNSERE MITMENSCHEN GLÜCKLICH ZU MACHEN.

Thomas Paine (1737–1809), englischer Schriftsteller und Revolutionär

Ich würde gerne daran glauben, dass wir uns in unserem Leben so weit entwickeln, dass Gnade und Großzügigkeit regieren und dass wir uns als eine Einheit empfinden mit den Geschöpfen dieses Universums. Wir müssen in jeder Kreatur, die Gott geschaffen hat, das Gute suchen: Es ist wichtig, dass wir unseren Glauben zum grundlegenden Bestandteil der Menschlichkeit machen.

Quincy Jones (*1933), amerikanischer Musiker und Produzent

Es gibt ein Land der Lebenden
und ein Land der Toten.
Die Brücke zwischen beiden ist
die Liebe. Sie ist das Einzige,
das überlebt und Sinn macht.

Thornton Wilder (1897–1975), amerikanischer Schriftsteller

Ein ausgefülltes Leben ist ein Leben voller Liebe, wenn man Gott liebt, den man nicht sehen kann, ebenso wie man den Nachbarn liebt, der ständig um uns ist, oder die Menschen auf der ganzen Welt. Die Russen lieben? Selbstverständlich. Den stinkenden, zerlumpten alten Mann lieben, der an der U-Bahnstation kauert und Wärme sucht? Sicherlich. Den Typen mit AIDS lieben? Ja. Den Jugendlichen lieben, der dich gerade bestohlen hat, weil er Geld für Drogen braucht? Den ganz besonders ... Der Sinn des Lebens? Es gibt diese drei: Glaube, Liebe, Hoffnung, und der wichtigste unter ihnen ist die Liebe.

Theodore Hesburgh (* 1917), amerikanischer katholischer Theologe

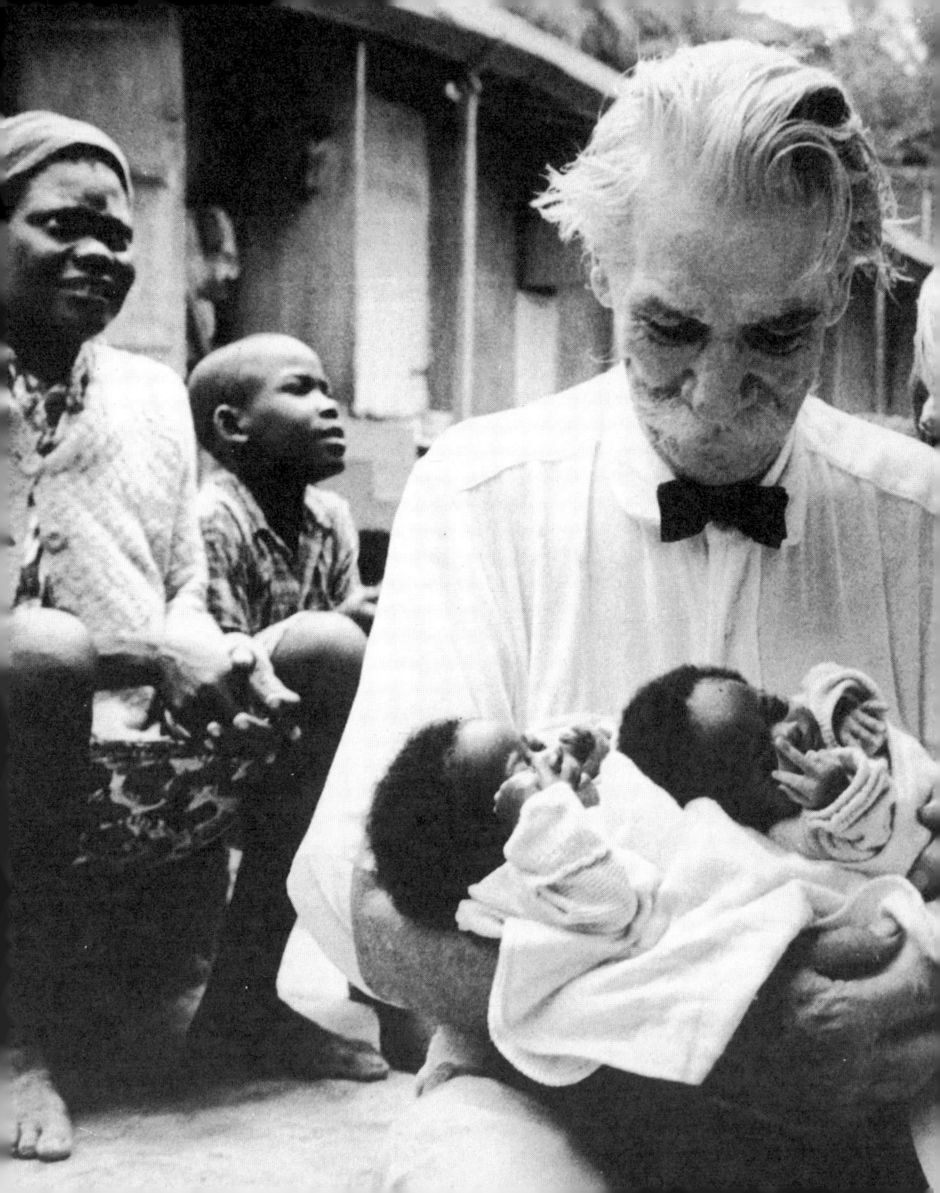

Dass jeder in der Lage,
in der er sich befindet,
darum ringt, wahres
Menschentum an
Menschen zu bestätigen:
Davon hängt die Zukunft
des Menschen ab …

Albert Schweitzer (1875–1965),
deutsch-französischer Arzt,
Theologe und Kulturphilosoph

Nur die Liebe ist fähig, Wesen zu verbinden,
so dass sie ergänzt und erfüllt werden,
denn nur die Liebe ergreift sie und führt sie
mit dem zusammen, was am tiefsten in ihnen steckt.

Pierre Teilhard de Chardin (1881–1955), französischer Philosoph

Unser Leben führt uns in raschen Schritten von der
Geburt bis zum Tode. In dieser kurzen Zeitspanne ist es
die Bestimmung des Menschen, für das Wohl der
Gemeinschaft, deren Mitglied er ist, zu arbeiten.

Friedrich der Große (1712–1786), preußischer König

Die Liebe ist das Brot des Lebens, die Arbeit das Salz des Lebens, Poesie ist die Süße des Lebens, und der Glaube ist das Wasser des Lebens.

Anna Jameson (1794–1860), englische Schriftstellerin

Jeder von uns hat eine Berufung. Das lateinische Verb Voco, „rufen“, liegt dem Begriff „Vokation“ zugrunde. Jeder von uns, nicht bloß der Klerus, ist von Gott zu etwas berufen. Am Ende seines Lebens scheint niemand diese Wahrheit zu bereuen, weder diejenigen, die empfangen haben, noch diejenigen, die gegeben haben. Der Schlüssel des Lebens liegt darin, anderen zu dienen, und zwar so, dass der Dienende sich nicht herabgewürdigt, sondern frei fühlt. Wir sind einander nicht „Wärter“, sondern Bruder und Schwester. Im gemeinsamen Kampf und Dienst mit unseren Brüdern und Schwestern, sowohl individuell als auch kollektiv, finden wir den Sinn des Lebens.

Jesse Jackson (*1941), amerikanischer Bürgerrechtler und Politiker

Die dringlichste und immer wieder aufkommende Frage im Leben ist: „Was tust du für die anderen?“

Martin Luther King Jr. (1929–1968),
amerikanischer Bürgerrechtsaktivist

Hier sind wir nun. Nicht einer von uns hat darum gebeten, hier zu sein, oder hatte großen Anteil an seiner Ankunft. Mit unserem begrenzten Verstand können wir gar nicht erst zu erfahren suchen, ob es einen höheren Sinn gibt. Wir verspüren jedoch die Anwesenheit von etwas, das unser Fassungsvermögen übersteigt, eine Macht, die wir noch nicht kennen – die wir vielleicht niemals kennen werden. Also akzeptieren wir unsere Situation, lernen daraus und versuchen, das Beste zu machen, indem wir uns auf den Glauben stützen, verzweifeln oder zynisch werden; je nach unserer Persönlichkeit. Doch über allem sollte die innere oder von außen auferlegte Verpflichtung stehen, sich so gut es geht für andere einzusetzen, Leiden zu mindern und mit anderen mitzufühlen. Wir sitzen alle in einem Boot, denn das Leben ist eine gemeinsame, keine individuelle Aufgabe.

Harry Blackmun (1908–1999), amerikanischer Richter des Obersten Gerichtshofes

Sei deinen Freunden und Mitreisenden gegenüber freundlich und hilfsbereit, denn wir klammern uns alle am selben Stück Dreck fest, während wir Seite an Seite in unser gemeinsames Verderben treiben.

Clarence Darrow (1857–1938), amerikanischer Anwalt

Wir sind hier, um lieben zu lernen. Lieben zu lernen ist furchtbar anstrengend und sehr entmutigend. Manche Leute kommen darin nie sehr weit. Und noch keiner hat je in dem Fach promoviert ... Die kompakteste Unterrichtsstunde, die ich je hatte, fand statt, als meine Frau unter großen Anstrengungen unseren Sohn Nicholas gebar und ich ihre verschwitzten Hände hielt. Dieser eine Nachmittag in einem gekachelten Kreißsaal hat mich mehr darüber gelehrt, warum wir hier sind, als Jahre voller Vorträge und Seminare. Die Welt ist dazu da, um uns lieben zu lehren.

Harvey Cox (*1929), amerikanischer Theologieprofessor und Autor

Ich glaube, dass es die gemeinsame Aufgabe der Menschheit ist, nützliche Dienste zu leisten. Nur im reinigenden Feuer der Aufopferung wird die Schlacke der Selbstsucht verzehrt und die Größe der menschlichen Seele freigesetzt.

John D. Rockefeller (1839–1937), amerikanischer Industrieller und Wohltäter

Falls es irgendwo auf der Welt ein Loch gibt, glaube ich, dass es nach und nach mit Wärme gefüllt wird. Wo Armut herrscht, kommt schließlich ein spiritueller Reichtum zu Hilfe. Ich glaube, dass wir füreinander da sind, um uns aufzurichten, zu ermutigen, um zu träumen. Ohne solche Hingabe würden wir aufhören, zu existieren.

Marlee Matlin (*1965), amerikanische Schauspielerin

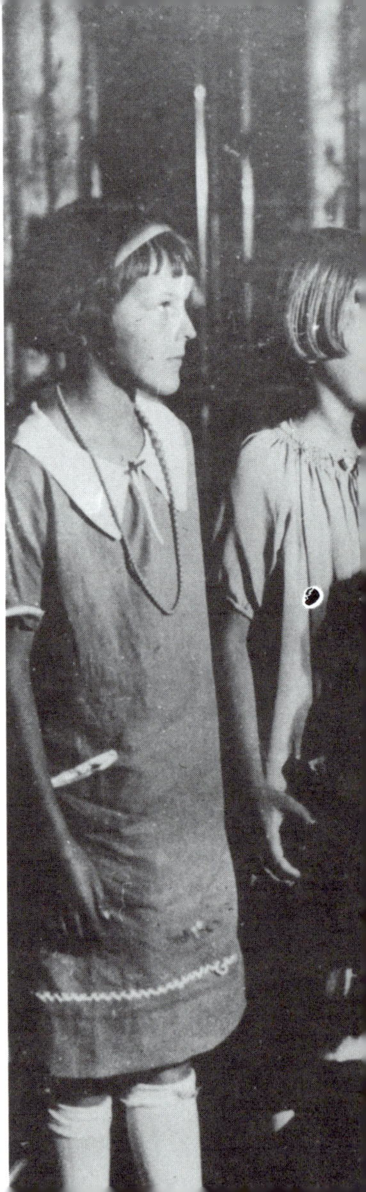

Möglicherweise sind wir auf einer spirituellen Ebene alle miteinander verbunden, und zwar über unser Kommen und Gehen in diversen Lebensformen hinaus ... Wenn wir in diesem Prozess einen sinnvollen Platz einnehmen wollen, dann sollten wir versuchen, eine gesunde, gegenseitige Beziehung mit anderen Lebensformen einzunehmen. Letzten Endes versucht jeder, im Einklang mit den anderen Lebenskräften zu leben. Und beim Versuch herauszufinden, worum es im Leben eigentlich geht, kommen wir schließlich zu Mitleid und Liebe und dem Ziel, sich ohne Erwartungen oder Bedingungen um andere zu kümmern, ohne im Gegenzug etwas dafür zurückzufordern. Dies findet seinen Ausdruck in jeder Religion und bei jedem Propheten.

George Lucas (*1944), amerikanischer Filmregisseur

Ich glaube, dass wir heute dank der Massenkommunikationsmittel einander viel näher sind als je zuvor. Und ich schätze das Sammeln und Verbreiten von lohnenswerter Information unter allen Menschen dieser Welt als das wichtigste Instrument ein, das wir haben, um unser Ziel zu erreichen und unseren Planeten zum Inbegriff des Paradieses zu machen.

Ted Turner (*1938), amerikanischer Medienunternehmer

Wir sind hier, um aufzupassen, um schlimmer Dinge gewahr zu werden, die wir verhindern können – wie etwa den Holocaust, Hiroshima, Hunger und Not.
Es gibt ein jüdisches Kinderlied, das besagt:
Wir sind wie ein Flussufer, und tief in uns fließt das, was gewesen ist, das, was wir nun sind, und das, was der kommenden Generation weitergereicht wird.

Ruth Westheimer (*1928),
deutsch-amerikanische Sexualtherapeutin und TV-Moderatorin

Kapitel 7

„Das Leben ist ein

Kampf“

Das Leben ist ein einziger langer Kampf in der Dunkelheit.

Lukrez (um 97–55 v. Chr.), römischer Philosoph

Jeder Idiot kann eine Krise überstehen. Es ist das alltägliche Leben, das uns auszehrt.

Anton Tschechow (1860–1904), russischer Dramatiker

Das Leben ist Leiden.

Gautama Siddharta (um 563–483 v. Chr.),
Hindu-Prinz und Begründer des Buddhismus

Das Leben ist eine einzige verdammte Tretmühle.
Charles Dickens (1812–1870), englischer Schriftsteller

Die Jugend ist ein Patzer;

das Erwachsensein ein Kampf;

und das Alter ist ein Bedauern.

Benjamin Disraeli (1804–1881), englischer Premierminister und Schriftsteller

Das Leben ist wie ein Spiel mit verdammt schlechten Gewinnchancen. Wäre es eine Wette, würde niemand darauf setzen.

Tom Stoppard (*1937), englischer Dramatiker

Das Leben – so wie es wirklich ist – ist nicht ein Kampf zwischen Gut und Böse, sondern zwischen Bösem und noch Schlimmeren.

Joseph Brodsky (1940–1996), russisch-amerikanischer Dichter

*Man fällt aus dem Mutterleib,
kriecht unter Beschuss über ungeschütztes
Gelände und fällt dann in sein Grab.*

Quentin Crisp (1908–1999), englischer Schriftsteller

Das Leben ist ein Kampf und ein Aufenthalt
in einem fremden Land; aber der Ruhm,
der darauf folgt, ist das Vergessen.

Marc Aurel (121–180), römischer Kaiser

Das Leben ist eine missliche Lage,
die dem Tod vorausgeht.

Henry James (1843–1916), amerikanischer Schriftsteller

Es stimmt nicht, dass das Leben ein verdammter Mist nach dem nächsten ist. Es ist immer wieder der gleiche verdammte Mist.

Edna St. Vincent Millay (1892–1950), amerikanische Dichterin

Das Leben ist eine Tragödie,
die wir eine Zeit lang als Zuschauer verfolgen.
Dann übernehmen wir unsere Rolle darin.

Jonathan Swift (1667–1745), irischer Schriftsteller

Das Leben ist kein Spektakel
oder Fest, es ist ein Dilemma.

George Santayana (1863–1952), amerikanischer Philosoph und Autor

Als Nahaufnahme ist das Leben eine Tragödie, aber aus der Ferne betrachtet ist es eine Komödie.

Charlie Chaplin (1889–1977), englischer Schauspieler

Es gibt im Leben gelegentlich mal etwas zu lachen. Entweder bringen Komiker einen zum Lachen, oder man erlebt glückliche Augenblicke mit der Familie, Freunden oder sonst wem. Aber der Großteil des Lebens ist tragisch. Man wird geboren und weiß nicht, warum. Man ist hier und weiß nicht, warum. Man geht, man stirbt. Menschen leiden. Menschen leben in ständiger Angst. Die Welt ist voller Armut und Korruption und Krieg und Nazis und Tsunamis … Die Bilanz, die letzte Abrechnung, belegt, dass man verliert und die Bank nicht sprengen konnte.

Woody Allen (*1935),
amerikanischer Filmregisseur und Schauspieler

Das Leben ist Arbeit, und alles, was man tut, bringt ein Mehr an Erfahrung.

Henry Ford (1863–1947),
amerikanischer
Automobilhersteller

Man weiß nicht, was das Leben bedeutet,
wenn alle Schwierigkeiten
aus dem Weg geräumt sind.

Jane Addams (1860–1935), amerikanische Sozialarbeiterin

Wir sind geboren, um zu kämpfen, um uns den Herausforderungen in unserem Leben zu stellen und uns letztendlich zu einem höheren Bewusstsein weiterzuentwickeln.

Quincy Jones (* 1933), amerikanischer Musiker und Plattenproduzent

Zum Leben gehören Leiden und auch Niederlagen. Das kann niemand verhindern. Aber es ist besser, wenn man einige Schlachten verliert beim Versuch, seine Träume zu verwirklichen, als wenn man besiegt wird, ohne jemals zu wissen, wofür man überhaupt kämpft.

Paulo Coelho (*1947), brasilianischer Romanautor

Ein Mensch tut, was er oder sie tun muss, trotz Hindernissen, Gefahren oder Widerständen. Und das ist die Grundlage aller menschlichen Moral.

John F. Kennedy (1917–1963), amerikanischer Präsident

Das Leben ist eine lange Lektion in Demut.

J. M. Barrie (1860–1937), schottischer Schriftsteller

Mein Lebensziel war stets, mich zu behaupten, was auch immer geschah. Ich habe nicht gegen etwas gekämpft, sondern mich gemessen.

Robert Frost (1874–1963), amerikanischer Dichter

Süß ist das Leben nur für den, der es nicht kennt.

Menander (um 342–um 293 v. Chr.), griechischer Dichter

Das Leben sollte als eine Kunst betrachtet werden; und wir sollten die Bedingungen erschaffen, unter denen wir Schwierigkeiten überwinden können.

John Dewey (1859–1952), amerikanischer Philosoph

Es wird eine lange, harte Nervenprobe, aber wir werden es schaffen.

Janis Joplin (1943–1970), amerikanische Sängerin

Das Leben ist keine einfache Angelegenheit ... Man kann es nicht durchleben, ohne frustriert und zynisch zu werden, es sei denn, man lebt mit einer großen Überzeugung, die einen über persönliches Elend, Schwäche, über alle Arten von Gemeinheiten und Niedertracht trägt.

Leon Trotzky (1879–1940), russischer Revolutionär

Kapitel 8

„Wir tragen Verantwor Gesel

ung für die
schaft"

Wir leben von dem,
was wir bekommen, doch wir leben
durch das, was wir geben.

Winston Churchill (1874–1965), britischer Premierminister

Man sollte sich schämen, zu sterben,
bevor man der Menschheit irgendeinen
großen Dienst erwiesen hat.

Horace Mann (1796–1859), amerikanischer Erzieher

*Die Veränderung, die du dir für
die Welt wünschst, musst du
für dich selbst umsetzen.*

Mahatma Gandhi (1869–1948), indischer Pazifist und politischer Führer

Das Leben besteht nicht aus Nachdenken,
sondern aus Handeln.

Woodrow Wilson (1856–1924), amerikanischer Präsident

Wenn du nichts gefunden hast, für das es sich zu sterben lohnt, hast du keinen Grund, zu leben.

Malcolm X (1925–1965), amerikanischer Bürgerrechtler

Bis zum heutigen Tag glaube ich, dass wir hier auf Erden sind, um zu leben, aufzuwachsen und unser Bestes zu geben, um die Welt zu einem besseren Ort zu machen, in dem alle Menschen in Freiheit leben können. Rasse, Nationalität oder Religion sollte kein Grund sein, um einem Menschen Bürgerrechte oder Privilegien vorzuenthalten. Man sollte das Leben voll ausschöpfen, so dass der Tod nur noch ein weiteres Kapitel ist. Die Erinnerung an unser Leben, unsere Werke und Taten werden in anderen fortbestehen.

Rosa Parks (1913–2005), amerikanische Bürgerrechtlerin

Ich kann nur sagen, ich habe Ausgeglichenheit, Stärke und Inspiration bei dem Gedanken geschöpft, dass ich meinen Teil für eine wichtige Sache beitrage und dass meine Anstrengungen darum nicht umsonst sein können. Natürlich möchte ich Ergebnisse sehen. Ich möchte meinem Ziel rasch entgegenschreiten. Doch letzten Endes interessieren mich nicht allein die Folgen meiner Handlungen. Ich schöpfe Zufriedenheit aus dem Handeln an sich, solange ich überzeugt bin, dass das, was ich tue, richtig ist.

Jawaharlal Nehru (1889–1964), indischer Premierminister

Ich hatte ein wirkliches Ziel im Leben:
Ich wollte die Welt reformieren.

John Stuart Mill (1806–1873), englischer Philosoph

Wir sind hier, um den uns möglichen Beitrag zum Leben beizusteuern, nicht, um so viel wie möglich vom Leben zu bekommen.

William Osler (1849–1919), kanadischer Arzt

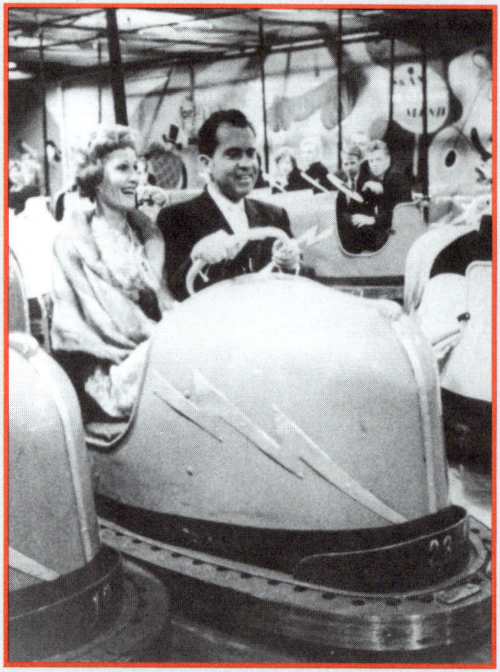

Nur ein Leben, das man anderen widmet, ist lebenswert. Wir können kein erfülltes Leben führen, wenn wir nicht eine Aufgabe haben, die uns überragt.

Richard Nixon (1913–1994), amerikanischer Präsident

Der Sinn des Lebens liegt in der Chance, etwas zu schaffen oder beizutragen für eine Sache, die größer ist als wir selbst. Das muss nicht unbedingt die Familie sein (obwohl das der direkte und breiteste Weg ist, den die Natur in ihrer blinden Weisheit selbst dem einfachsten Wesen anbietet); es kann irgendeine Gruppe sein, die den verborgenen Edelmut eines Individuums weckt und ihm einen Grund gibt, zu arbeiten und etwas zu hinterlassen, das den Tod überdauert.

Will Durant (1885–1981), amerikanischer Historiker

Jeder von uns trägt in seinem Leben Verantwortung: Verantwortung der Schöpfung gegenüber, deren Teil wir sind, und Verantwortung dem Schöpfer gegenüber – ein Tribut, den wir durch die Erweiterung unserer Erkenntnis begleichen.

Maya Angelou (*1928), amerikanische Schriftstellerin

Ich wurde in dem Glauben erzogen, dass das einzig lohnenswerte Handeln darin liegt, die Summe korrekter Informationen auf dieser Welt zu vermehren.

Margaret Mead (1901–1978), amerikanische Anthropologin

Als menschliche Lebewesen auf der Welt sind wir wie Touristen im Urlaub. Wenn wir Schaden anrichten und Störungen verursachen, war unser Besuch ohne Bedeutung. Wenn wir während unseres kurzen Aufenthalts – höchstens 100 Jahre – friedlich leben, anderen helfen oder zumindest anderen kein Leid oder Schaden zufügen, dann hat sich unser Besuch gelohnt. Es ist wichtig, zu erkennen, wie man den Alltag sinnvoll gestaltet, wie man mit sich selbst in Frieden und Einklang sein kann und wie wir etwas zu unserer Gesellschaft beitragen können.

Dalai Lama (*1935), religiöses Oberhaupt Tibets

Wenn Sie nicht vergessen werden wollen, sobald Sie tot unter der Erde liegen und verrotten, sollten Sie entweder etwas schreiben, das zu lesen sich lohnt, oder etwas tun, worüber zu schreiben sich lohnt.

Benjamin Franklin (1706–1790),
amerikanischer Staatsmann und Schriftsteller

Das wichtigste Ziel im Leben ist nicht die Erkenntnis, sondern die Handlung.

Thomas Huxley (1825–1895), englischer Biologe

Ein Schriftsteller will eigentlich keinen Erfolg ... Er weiß, dass seine Lebenszeit nur kurz ist, dass der Tag kommt, wenn er die Mauer des Vergessens wird durchschreiten müssen, und er will auf dieser Mauer etwas Gekritzeltes zurücklassen – „Kilroy was here"– etwas, das hundert oder tausend Jahre später jemand sehen wird.

William Faulkner (1897–1962), amerikanischer Schriftsteller

Wahre Lebensfreude erlebt man, wenn man sich ganz einer Aufgabe widmet, die man für groß und wichtig hält ... wenn man völlig verbraucht ist, bevor man auf die Schrotthalde geworfen wird ... wenn man eine Kraft der Natur ist anstelle eines fiebernden, egoistischen Klumpens voller Gebrechen und Sorgen.

George Bernard Shaw (1856–1950), irischer Dramatiker

Obwohl nur eine geringe Anzahl derer, die die Höhen menschlicher Leistungen zu erklimmen versuchen, auch nur in die Nähe des Gipfels gelangen, brauchen wir unbedingt viele Bergsteiger. Sonst wird wohl nie jemand den Gipfel erreichen. Die Massen von Individuen, die verloren und vergessen worden sind, haben nicht vergeblich gelebt, wenn auch sie sich an dem Aufstieg versucht haben.

Pierre Teilhard de Chardin (1881–1955), französischer Philosoph

Wir sind hier aufgrund von zufälligen Ereignissen. Aber das, was wir erreichen, wenn wir schon einmal hier sind, kann unserer Existenz einen Sinn verleihen. Obwohl der Begriff „hier" lediglich als die kurze physische Zeitspanne, in der wir als Individuen existieren, verstanden werden kann, haben wir die Möglichkeit, dieses „hier" über die physische Existenz hinaus zu erweitern. Der Mensch ist Teil eines „kollektiven Bewusstseins". Über die Zeit hinweg sind wir miteinander verbunden: Durch unsere Kreationen, Arbeiten, Bilder, Gedanken und Schriften. Den zukünftigen Generationen vermitteln wir, wer wir sind und wer wir waren, und hoffen, dass wir zum Besseren hin beeinflussen können, wer wir sein werden. Unsere Handlungen verleihen unserem Leben einen Sinn; es sind Leistungen, die wir im „hier" vollbracht haben, und die unsere eigene Zeit überdauern.

Maya Lin (*1959), amerikanische Architektin

Um eine Delle zu hinterlassen.

Studs Terkel (*1912), amerikanischer Schriftsteller

Kapitel 9

„Den Sin
uns selbst

müssen wir
erschaffen“

Jeder muss den Sinn des Lebens für sich selbst entdecken. Wer dem Leben große Bedeutung beizumessen weiß, muss sich nicht fragen, warum wir hier sind. Natürlich ist ein Schnaps dann und wann auch nicht zu verachten.

Peter Gay (*1923), amerikanischer Historiker

Der Glaube daran, dass das Leben sich zu leben lohnt, hilft, daraus eine Tatsache zu machen.

William James (1842–1910), amerikanischer Philosoph

Der Mensch trägt immer
seine ganze Geschichte
und die Geschichte
der Menschheit mit sich.

C. G. Jung (1875–1961),
Schweizer Psychiater

Eine weise Lebensführung gelingt dem Menschen nicht durch Zufall. Man muss, solange man lebt, lernen, wie man leben soll – lerne also, zu leben und zu sterben, und du wirst eine erhabene Ruhe allen irdischen Dingen gegenüber erlangen.

Seneca (um 4 v. Chr.–65), römischer Philosoph, Dramatiker und Staatsmann

Das Leben hat keinen anderen Wert als den, den man ihm zu geben gewillt ist. Und es gibt auch kein Glück auf dieser Welt, abgesehen von dem, das man selbst ins Leben einbringt.

Henry David Thoreau (1817–1862), amerikanischer Schriftsteller

Das Leben hat nur eine Bedeutung, wenn man sie tagtäglich gegen eine andere eintauscht.

Antoine de Saint-Exupéry (1900–1944), französischer Schriftsteller

Das Leben jedes Menschen endet gleich.
Nur die Einzelheiten, wie der jeweilige Mensch
lebte und wie er starb, unterscheiden
die Menschen voneinander.

Ernest Hemingway (1899–1961), amerikanischer Schriftsteller

Das Leben besteht nicht darin, gute Karten
auf der Hand zu haben, sondern die
vorhandenen Karten gekonnt auszuspielen.

Josh Billings (1818–1885), amerikanischer Komiker

LEBEN BEDEUTET, SICH ZU ENTSCHEIDEN. ABER UM EINE GUTE ENTSCHEIDUNG ZU FÄLLEN, MUSS MAN WISSEN, WER MAN IST UND WOFÜR MAN STEHT, WOHIN MAN WILL UND WARUM MAN DORTHIN WILL.

Kofi Annan (*1938), ghanaischer Generalsekretär der Vereinten Nationen

Der Sinn des Lebens liegt in einem Leben voller Sinn.

Robert Byrne (*1928), amerikanischer Schachmeister

Weil die Suche des Menschen nach Sicherheit endlos ist, kann jeder für sein Leben einen Sinn finden, selbst wenn er die Frage nach dem Sinn des Lebens als sinnlos abtut.

Sidney Hook (1902–1989), amerikanischer Philosoph

Wer ein Warum zu leben hat, erträgt fast jedes Wie.

Friedrich Nietzsche (1844–1900), deutscher Philosoph

Mit der Erkenntnis, [die Existenz] sei verschwommen und mehrdeutig, bestätigt man, dass es keine festgelegte Bedeutung gibt, dass man immer wieder aufs Neue einen Sinn finden muss.

Simone de Beauvoir (1908–1986), französische Schriftstellerin und Feministin

Wer nicht den tiefen Sinn
des Lebens im Herzen sucht,
der sucht vergebens.
Kein Geist, und sei er noch
so reich, kommt einem
edlen Herzen gleich.

Friedrich von Bodenstedt (1819–1892), deutscher Schriftsteller und Journalist

Anstatt das Leben als einen schmalen Trichter
zu betrachten, können wir es als eine sich stetig
erweiternde Chance begreifen für die Dinge,
die wir tun wollen, und für die Weisheiten,
die wir aufgenommen haben,
um etwas daraus zu erschaffen.

Liz Carpenter (*1920), amerikanische Politikerin

*Das ganze Leben ist ein Experiment.
Je mehr man experimentiert,
desto besser.*

Ralph Waldo Emerson (1803–1882), amerikanischer Philosoph

BOREALIS

Die harte Wahrheit ist anscheinend dies: Wir leben in einem grenzenlosen und beeindruckenden Universum, in dem jeden Tag neue Sonnen entstehen und Welten zerstört werden, und in dem die Menschheit sich an einen obskuren Felsklumpen klammert. Die Bedeutung, die unser Leben und unser zerbrechliches Reich innehaben, kommt von unserer Weisheit und unserem Mut. Wir sind die Hüter über den Sinn des Lebens. Natürlich hätten wir es gerne anders, aber es gibt keinen überzeugenden Hinweis auf irgendeinen kosmischen Vater, der sich um uns kümmert und uns vor uns selbst schützt. Es liegt allein an uns.

Carl Sagan (1934–1996), amerikanischer Astronom

Es gibt keinen großen kosmischen Sinn, der jeden von uns betrifft. Es gibt nur den Sinn, den jeder von uns selbst seinem Leben verleiht, ein individueller Sinn und ein individueller Plot, wie ein persönlicher Roman: Ein eigenes Buch für jeden Menschen.

Anaïs Nin (1903–1977), amerikanische Schriftstellerin

Man kann dem Leben wieder einen Sinn verleihen und es lebenswert machen, indem man wieder auf die Macht der Erfahrung vertraut, indem man seine innere Stimme entdeckt und wieder lernt, auf sie zu hören – und man muss sich klar machen: Dies ist machbar.

Abraham Maslow (1908–1970), amerikanischer Philosoph

Unsere Pflicht ist es, dem Leben einen Sinn zu geben. Wenn wir dies tun, überwinden wir das passive, gleichgültige Leben.

Elie Wiesel (*1928), rumänisch-amerikanischer Schriftsteller

Liebe das Leben mehr als alles andere auf der Welt ...
liebe es, ohne Rücksicht auf die Logik ...
es darf nur ohne Rücksicht auf die Logik sein,
nur dann wird man den Sinn des Lebens begreifen.

Fjodor Dostojewski (1821–1881), russischer Schriftsteller

Der Mensch kann nichts wollen, wenn er zuvor nicht begriffen hat, dass er auf niemanden als sich selbst zählen kann, dass er allein ist, auf der Erde zurückgelassen inmitten seiner endlosen Pflichten, ohne Hilfe, mit keinem anderen Ziel als dem, das er sich selbst steckt, mit keinem anderen Schicksal, als dem, das er sich selbst hier auf Erden schmiedet.

Jean-Paul Sartre (1905–1980), französischer Schriftsteller und Philosoph

Der Glaube an eine göttliche Fügung kann Trost spenden, aber bei allen Dingen, die wirklich wichtig sind, wäre es weiser, sich auf unser materielles Wissen zu verlassen sowie auf die Weisheiten, die die Menschheit besitzt.

Edward Wilson (*1929), amerikanischer Biologe

Das Leben ist das,
was wir daraus machen.
So war es immer,
und so wird es immer sein.

Grandma Moses (1860–1961), amerikanische Künstlerin

Kapitel 10

„Das Leben

ist absurd“

Das Leben ist etwas, das man tut, wenn man keinen Schlaf findet.

Fran Lebowitz (*1951), amerikanische Journalistin

Das Absurde ist eine wesentliche Idee und die erste Wahrheit.

Albert Camus (1913–1960), französischer Schriftsteller

Das Leben ist eine Pantomime.

Bob Dylan (*1941), amerikanischer Sänger und Komponist

Das Leben ist ein Scherz,
der gerade erst begonnen hat.

William Gilbert (1836–1911), englischer Dramatiker und Librettist

Was ist unser Leben?
Ein Spiel der Leidenschaft,
unser Vergnügen ist die Musik
der Intermezzi, und der
Mutterleib die Garderobe, in der
wir uns für das kurze Lustspiel
eingekleidet haben.

Sir Walter Raleigh (um 1552–1618), englischer Entdecker

Ist es nicht gerade der Augenblick
des tiefsten Zweifelns, der neue
Gewissheiten hervorbringt?
Vielleicht ist Hoffnungslosigkeit der beste
Nährboden, auf dem die Hoffnung gedeiht;
vielleicht würde man nie den Sinn des
Lebens erkennen, wenn man nicht zuvor
seine Absurdität erfahren hätte.

Vaclav Havel (*1936), tschechischer Dramatiker und Politiker

Es gibt nicht den kleinsten Fetzen eines Beweises für die Behauptung, dass das Leben eine ernst zu nehmende Sache sei.

Brendan Gill (1914–1997), amerikanischer Kritiker

Wenn wir bedenken, dass wir alle verrückt sind, verschwinden die Rätsel, und das Leben erklärt sich von selbst.

Mark Twain (1835–1910), amerikanischer Schriftsteller

Das Leben ist eine viel zu bedeutende Angelegenheit, als dass man ernsthaft darüber reden sollte.

Oscar Wilde (1854–1900), irischer Schriftsteller

Hör auf, dich zu sorgen – aus dieser Welt kommt niemand lebend raus!

Clive James (*1939), australischer Schriftsteller und Kritiker

Literaturnachweis/Fotonachweis

Zitate
Unter den vielen Büchern und Artikeln, die für diese Sammlung herangezogen wurden, möchten die Herausgeber die folgenden Veröffentlichungen nennen:

Autobiography of Bertrand Russell, The (B. Russell, 1967); *Beautiful Boy* (J. Lennon, 1980); *Being and Nothingness* (J. P. Sartre, 1956); *Brief History of Time: A Reader's Companion* (S. Hawking, 1992); *Brothers Karamasov, The* (F. Dostoevsky); *Diary of Søren Kierkegaard, The* (S. Kierkegaard, 1843); *Ethics of Ambiguity, The* (B. Frechtman, 1948); *Existential Psychotherapy* (I. Yalom, 1980); *Familiar Quotations* (J. Bartlett, 1968); *Freedom for Ministry* (R. J. Neuhaus, 1956); *Gales Quotations*; *Guardian, The* (28 December, 1977); *Healthy Personality, The: Readings* (H. Chiang and A. H. Maslow, 1969); *If You Meet the Buddha on the Road, Kill Him!* (S. B. Kopp); *Is Life Worth Living?* (C. Darrow); *John Stuart Mill: A Selection of His Works* (J. M. Robson, 1966); *Journey, The* (L. Smith, 1954); *Kitchen Table Wisdom* (N. R. Remen, 1996); *Last Word, The: A Treasury of Women's Quotes* (C. Warner, 1992); *Life and Work of Sigmund Freud, The* (E. Jones, 1953–57); *Little Minister, The* (J. M. Barrie); *Macbeth* (W. Shakespeare); *Malcolm X* (A. Haley); *Meaning in Life: the Creation of Value* (I. Singer, 1992); *Meaning of Life, The* (Friend et al., *Life* magazine, 1991); *Meaning of Life, The* (S. Sanders and D. R. Cheney); *Memories, Dreams, Reflections* (C. Jung, 1961); *Mikado, The* (W. Gilbert); *New York Times* (21 January, 1965); *Notebooks* (S. Butler, 1912); *Notebooks 1914–1916* (L. Wittgenstein, 1979); *On the Meaning of Life* (W. Durant, 1932); *Oxford Dictionary of Quotations, The* (1996); *Pale Fire* (V. Nabokov, 1962); *Pragmatism and the Tragic Sense of Life* (S. Hook, 1974); *Profiles in Courage* (J. F. Kennedy, 1948); *Quotable Woman, The: 1800– 1975* (E. Partnow, 1977); *Sacred Hoops* (P. Jackson); *Search for the Truth* (M. Herrick, 1968); *Seinlanguage* (J. Seinfeld); *Simple Wisdom* (G. Jones, 1997); *Simpson's Contemporary Quotations* (J. B. Simpson, 1988); *Story of My Life, The* (C. Darrow); *Tempest, The* (W. Shakespeare); *The Routledge Dictionary of Quotations* (R. Andrews, 1987); *Tractatus logico-philosophicus* (L. Wittgenstein, 1961); *Webster's New World Dictionary of Quotable Definitions*; *What Mad Pursuit* (F. Crick, 1988); *What's Good* (L. Reed, 1992); *Wisdom of the Heart, The* (H. Miller, 1947).

Fotonachweis
Alle Fotos von Getty Images, mit folgenden Ausnahmen:
S. 23 © 2004 James Dean by CMG Worldwide, Inc. www.jamesdean.com
S. 150 Courtesy of The Albert Einstein Archives, The Hebrew University of Jerusalem

Ich glaube, dass der wahre Zweck unseres Lebens darin besteht, das Glück zu suchen. Das ist klar. Ob man nun an eine Religion glaubt oder nicht, ob man dieser oder jener Religion angehört, so suchen wir alle doch gleichermaßen etwas Besseres im Leben. Daher glaube ich, dass unser Leben sich immer zum Glück hin bewegt.

Dalai Lama (* 1935), religiöses Oberhaupt Tibets